AF231978

GUADELOUPE

PHYSIQUE, POLITIQUE, ÉCONOMIQUE

PRÉCÉDÉE D'UNE NOTICE HISTORIQUE

PAR

A. BOUINAIS

Lieutenant d'infanterie de marine
Membre de la Société de géographie et de la Société des études coloniales
et maritimes

PREMIÈRE PARTIE

NOTICE HISTORIQUE ET GÉOGRAPHIE PHYSIQUE

Prix : 1 fr. 50

PARIS

LIBRAIRIE CH. DELAGRAVE | LIBRAIRIE CHALLAMEL
15, RUE SOUFFLOT, 15 | 5, RUE JACOB, 5.

1880

GUADELOUPE

PHYSIQUE, POLITIQUE, ÉCONOMIQUE

EN PRÉPARATION

**Géographie politique. — Géographie économique.
Carte d'étude.**

Coulommiers. — Typ. Paul BRODARD.

GUADELOUPE

PHYSIQUE, POLITIQUE, ÉCONOMIQUE

PRÉCÉDÉE D'UNE NOTICE HISTORIQUE

PAR

A. BOUINAIS

Lieutenant d'infanterie de marine
Membre de la Société de géographie et de la Société des études coloniales
et maritimes

PREMIÈRE PARTIE

NOTICE HISTORIQUE ET GÉOGRAPHIE PHYSIQUE

Prix : 1 fr. 50

PARIS

LIBRAIRIE CH. DELAGRAVE	LIBRAIRIE CHALLAMEL
15, RUE SOUFFLOT, 15	5, RUE JACOB, 5.

1880

PRÉFACE

Dans un séjour de quatre années à la Guadeloupe, il nous a été loisible de parcourir dans tous les sens l'île et ses dépendances. Nous avons pu vérifier, sur les lieux, les ouvrages qui ont trait à la géographie de notre possession. Ce travail, que nous avions fait pour nous, n'aurait jamais vu le jour, si, de retour en France, nous n'avions été encouragé à le publier par des juges compétents, et si nous n'avions été frappé des erreurs qui ont cours sur les colonies même dans les ouvrages spéciaux.

Nous donnons, sous le titre de *Géographie physique de la Guadeloupe*, la première partie de nos notes. Deux autres fascicules, en préparation, comprenant la géographie politique et la géographie économique, suivis d'une carte d'étude, paraîtront successivement [1].

1. Nous prions nos lecteurs de vouloir bien se reporter aux cartes marines publiées par le ministère de la marine, à l'atlas des colonies édité par les soins du même département, à la carte des colonies de M. Levasseur (1879), enfin à la carte de Devèze (1874), qu'on ne trouve qu'aux Antilles.

Quel que soit le soin apporté à notre travail, nous ne saurions nous flatter d'avoir atteint la perfection et évité toute erreur; aussi accueillerons-nous avec empressement toute rectification dûment justifiée.

Notre petit traité s'adresse aux voyageurs qui visitent nos îles, à ceux qui, de loin, sont désireux d'avoir des notions géographiques sur notre belle colonie, et plus particulièrement aux enfants du pays.

Notre but serait pleinement atteint si, après leur avoir enseigné la géographie générale, les maîtres de nos jeunes créoles leur apprenaient celle de leur terre natale. Dans cette hypothèse, nous espérons que notre travail leur sera de quelque utilité.

A. Boüinais.

Paris, le 30 octobre 1879.

GUADELOUPE

NOTICE HISTORIQUE

Au mois de novembre 1493, Christophe Colomb, faisant voile une seconde fois vers le nouveau monde, découvrait la Guadeloupe, Marie-Galante, la Désirade, les Saintes, et abandonnait presque aussitôt ces petites îles pour s'emparer d'îles plus importantes.

La Guadeloupe était alors habitée par les Caraïbes hommes de race rouge, venus de l'Amérique du Nord et de la Floride. Leur peau était olivâtre, et ils la frottaient avec du roucou ; ils étaient polygames et anthropophages. Les Caraïbes nommaient leur île *Karukera*. Christophe Colomb lui donna le nom de Guadeloupe, suivant les uns pour rendre hommage à Notre-Dame de la Guadelupe, suivant d'autres à cause de la ressemblance de ses montagnes avec celles de la Sierra de Guadelupe.

Colomb revint visiter la Guadeloupe en avril 1496, et, depuis cette époque, près d'un siècle s'écoula sans que les Européens songeassent à y créer des établissements. Les expéditions de la France en Italie, ses guerres civiles et religieuses ne lui permirent pas, au début, de contrebalancer les succès des Espagnols et des Portugais dans le nouveau monde, et nous n'avions encore pris pied en Amérique qu'au Canada quand Richelieu songea le premier au parti qu'on pourrait tirer de la découverte des petites

Antilles [1]. Belain, sieur d'Esnambuc, gentilhomme de Normandie, « capitaine du roi dans les mers du Ponant », et du Rossey furent autorisés à créer une Compagnie avec privilège. Ils débarquèrent à Saint-Christophe, en même temps que le capitaine anglais Warner (8 mai 1627). D'Esnambuc, resté seul, réussit, après une lutte de huit ans contre ses ambitieux voisins, à coloniser la partie dont il s'était emparée et à lui donner une prospérité telle qu'il songea bientôt à fonder de nouveaux établissements à la Guadeloupe, à la Martinique et à la Dominique. L'honneur ne lui en revint pas. Un de ses lieutenants, Liénard de L'Olive, l'avait devancé en France et avait obtenu de la Compagnie, pour lui et un gentilhomme dieppois nommé Duplessis, sieur d'Ossonville, qui préparait un armement pour les Antilles, le commandement pendant dix ans, moyennant une redevance d'un dixième des produits, de celle de ces trois îles où il jugerait convenable de s'établir.

Ils abordèrent, le 25 juin 1635, à la Martinique, mais abandonnèrent l'île, qui était très accidentée et remplie de serpents, et firent voile vers la Guadeloupe [2].

Le 28 juin 1635, ils débarquèrent avec 550 personnes, parmi lesquelles 400 laboureurs engagés par la Compagnie des îles d'Amérique, au nord-ouest de l'île, à la pointe du Vieux-Fort.

Duplessis mourut au bout de six mois. Liénard de L'Olive, resté seul, ne s'occupa plus que d'exterminer les Caraïbes avec l'aide de quelques flibustiers des îles voisines. Il accumula ruines sur ruines, sans réussir à les chasser complètement.

1. La Martinique fut découverte en 1502, dans la dernière expédition de Colomb.

2. Devancé à la Guadeloupe, d'Esnambuc fit voile vers la Martinique, débarqua le 15 septembre 1635 au Carbet, non loin de l'endroit où s'élève actuellement Saint-Pierre, et prit possession de l'île avec une centaine d'hommes.

Ce ne fut qu'en 1660 qu'un traité de paix nous rendit complètement maîtres de l'île et assigna la Dominique et Saint-Vincent comme résidence aux vaincus, qui n'étaient plus que 6,000.

De 1636 à 1642, trois Compagnies possédèrent la Guadeloupe et s'y ruinèrent, tant par suite de leur avidité que par suite des luttes qu'elles soutinrent contre les indigènes.

En 1649, le marquis de Boisseret acquit de la dernière Compagnie, dont il était l'agent, avec son beau-frère Houël, la propriété de la Guadeloupe, de Marie-Galante, de la Désirade et des Saintes, moyennant 60,000 livres tournois (environ 59,250 francs) et une redevance de 6,000 livres de sucre par an.

De cette suzeraineté date le commencement de la prospérité de la colonie. Quelques Hollandais fuyant le Brésil, d'où les avaient chassés les Portugais, s'établirent dans l'île avec 1,200 esclaves. Leur précieux concours permit de développer les cultures de la canne et du cacao; ce furent eux, suivant l'opinion généralement admise, qui créèrent les premières sucreries [1].

En 1664, Louis XIV, sur les instances de Colbert, fatigué des plaintes auxquelles donnaient lieu par leurs exactions les successeurs de Boisseret, acheta l'île pour le prix de 125.000 livres tournois (environ 123,450 francs). Malheureusement, dominés par les idées économiques du temps, Louis XIV et Colbert, au lieu d'accorder la liberté de commerce à la Guadeloupe, confièrent l'exploitation de la colonie à une Compagnie de nouvelle formation, appelée Compagnie des Indes occidentales.

Cette Compagnie commit les mêmes fautes que les propriétaires auxquels elle succédait et fut dissoute en 1674.

---

1. La monnaie d'échange était alors le tabac; les colons payaient 60 livres de tabac une aune de toile, 750 livres une aune de tabac.

Louis XIV paya ses dettes, qui dépassaient 3 millions, et remboursa son capital, qui atteignait 1,500,000 francs. A partir de cette époque, la Guadeloupe et ses dépendances firent partie des domaines de la couronne. Un gouverneur et un intendant administrèrent la colonie. L'édit de 1669, autorisant la noblesse à faire le commerce d'outremer, permit à tous les Français d'y commercer.

Bien des fautes furent commises durant cette première période de colonisation. Parmi celles qui eurent le plus de conséquences, signalons : 1º les rigueurs dont furent abreuvés les engagés que séduisaient des promesses mensongères et qu'on leurrait dès leur arrivée, sans même chercher à leur épargner les privations les plus dures; 2º la dépendance vis-à-vis de la Martinique, sous laquelle la Guadeloupe fut placée en 1668, dépendance qui entrava longtemps son développement; 3º l'introduction des esclaves, tolérée avant 1673, favorisée par des concessions à partir de cette époque.

A quel degré de prospérité ne serait point parvenue la Guadeloupe, si la métropole, renonçant à faire de ses engagés des serviteurs esclaves, eût déterminé un libre courant d'émigration vers notre possession, en y attirant des travailleurs par la gratuité des passages et la distribution de concessions à l'arrivée?

Au tableau des vicissitudes de cette première période de colonisation, opposons avec fierté celui des luttes que soutinrent contre les Anglais nos colons en 1666, 1691 et 1703 avec leurs milices et l'aide de quelques troupes régulières mesurées trop parcimonieusement par la métropole.

Ces milices avaient deux buts : garder le pays contre l'ennemi qu'avait introduit l'esclavage, et défendre le territoire menacé par l'étranger. Cette double préoccupation fit des premiers colons des soldats aguerris et leur permit de repousser victorieusement les attaques répétées des Anglais. « Mieux vaut avoir affaire à deux diables qu'à un seul habitant français, » disaient les Anglais [1].

On doit aussi mentionner, à cette époque, le rôle glorieux que prit à la défense de 1703 une compagnie de noirs organisée par le Père Labat.

La longue période de paix qui s'étend du traité d'Utrecht à la guerre de Sept-Ans (1713-1756) permit à la colonie de faire des progrès sensibles.

C'est dans cet intervalle que se développa la culture du café, introduite d'abord à la Martinique par le capitaine Déclieux, en 1725, culture qui se propagea rapidement dans nos possessions des Antilles.

C'est aussi dans la même période que disparurent les engagés. Leur introduction en 1716 était de un sur vingt esclaves; à partir de 1719, il furent pris parmi les vagabonds et les gens condamnés aux galères, et la durée de leurs services, qui avait été réduite à dix-huit mois en 1678, fut reportée à trois ans en 1728. A dater de 1735, il n'est plus fait mention des engagés. Les capitaines, jadis obligés de porter dans les îles un certain nombre d'engagés. furent dès lors tenus d'y introduire le même nombre de soldats et d'ouvriers destinés au service des colonies.

Les revers de la guerre de Sept-Ans eurent leur contrecoup aux Antilles. L'amiral Moore, après une tentative sur la Martinique qui échoua, grâce à l'énergie du gouverneur général, le marquis de Beauharnais, se présenta, en janvier 1759, devant la Guadeloupe avec une escadre formidable et des troupes de débarquement. La Guadeloupe avait comme défenseurs quelques troupes régulières et ses milices. Mais les colons de 1759 n'étaient plus les petits propriétaires de 1691 et de 1703; ils se défendirent mollement, mal commandés qu'ils étaient par leur gouverneur, Nadau-Dutreil; les secours qu'aurait pu leur envoyer le

---

1. Il est bon de rappeler ces paroles, au moment où il est question d'établir le service militaire aux colonies.

gouverneur général arrivèrent trop tard; enfin l'immobilité d'une escadre française qui était à la Martinique depuis le 8 mars acheva de les perdre, et la Guadeloupe capitula le 27 avril.

La population de l'île à cette époque s'élevait à 9,643 blancs et 41,000 esclaves. La Guadeloupe nous fut rendue en 1763 par le traité de Paris.

La perte de nos possessions au Canada et dans l'Inde amena la métropole à s'occuper des Antilles avec plus de sollicitude, et quand la Guadeloupe devint, en 1775, indépendante par sa séparation de la Martinique, elle était fort bien préparée à prendre cet essor brillant dont l'apogée devait être en 1789.

Malgré un ouragan terrible qui la ravagea en septembre 1766, malgré les alarmes qu'inspira à son commerce la guerre des Etats-Unis d'Amérique, ses cultures s'étendirent et sa population augmenta. Elle avait, en 1789, 107,226 individus, dont 13,938 blancs, 3,149 affranchis et 90,139 esclaves; 35,000 hectares étaient cultivés, et son mouvement commercial se chiffrait par 32,000,000 de livres tournois (environ 31,600,000 francs).

Pour se rendre compte du bouleversement que produisit la Révolution française à la Guadeloupe, il importe de dire quelques mots des éléments disparates qui composaient alors sa population. Une noblesse aventurière et un clergé entreprenant, mais plein de tolérance, tenaient le premier rang dans la société; une petite bourgeoisie de négociants, de capitalistes et de fonctionnaires occupait le second; au troisième rang venaient les engagés, domestiques, laboureurs, dont l'envoi se continua pendant cent quarante-huit ans. Ces trois groupes constituaient la classe blanche. La population de couleur se divisait en hommes libres et en esclaves. Les hommes libres étaient les enfants de couleur nés du commerce des blancs et des négresses. Au début de la colonisation, ils suivaient la condition de leur père et effaçaient sa faute en recevant la liberté. Cette classe eût rapidement augmenté, si en 1684 Louis XIV n'eût décidé que désormais les enfants suivraient la condition de leur mère. La classe des hommes libres comprit alors les anciens affranchis, leurs descendants et les rares esclaves qu'on affranchissait. Exclus des fonctions publiques et privés des droits politiques, les affranchis jouissaient seulement des droits de propriété et d'égalité devant la justice.

Nos deux premières Assemblées ne firent rien ou presque rien pour les colonies ; la question de l'esclavage n'y fut même pas posée. La Constituante agita la question des droits politiques à l'égard des hommes de couleur libres ; l'Assemblée législative supprima en 1792 la prime accordée aux traitants.

La Convention, le 16 pluviôse an II (4 février 1794), rendit son fameux décret abolissant l'esclavage et déclarant citoyens français tous les hommes, sans distinction, domiciliés dans les colonies.

Cet arrêt de la justice, exécuté par la violence, pour nous servir de l'expression si vraie de M. A. Cochin, rendu sans que l'autorité coloniale eût pris l'ombre d'une précaution préparatoire, fit éclater la guerre civile.

Profitant de nos déchirements intérieurs, les Anglais s'emparèrent de l'île et de ses dépendances le 21 avril 1794 [1]. Le Comité du salut public avait cependant préparé une expédition pour empêcher notre colonie de tomber aux mains de l'ennemi. Elle arriva quarante jours après la prise de l'île.

Chrétien et Victor Hugues, les deux commissaires de la Convention, firent des prodiges et reprirent la Guadeloupe après une lutte de sept mois, contre les généraux Graham et Prescott. Ils avaient, avec deux frégates, 1,200 hommes

---

1. Ce fut l'archipel des Saintes, où quelques travaux de défense avaient été commencés, qui tomba d'abord ux mains de l'ennemi.

et l'aide des habitants, chassé 8,000 Anglais, appuyés par une division navale.

Le Consulat détruisit ce qu'avait fait la Convention : l'esclavage fut rétabli par la loi du 30 floréal an X (20 mars 1802).

La même année, le général Richepance, envoyé avec 3,500 hommes à la Guadeloupe pour y réprimer la guerre civile qui avait éclaté en 1801, pacifiait l'île après une expédition d'un mois et rétablissait dans ses fonctions le capitaine général Lacrosse, qui avait dû abandonner son gouvernement devant l'insurrection.

Tout occupé de compléter son système continental, Napoléon Ier avait réduit, en 1810, notre marine de commerce à un véritable cabotage. Notre marine militaire ne valait guère mieux; nos vaisseaux pourrissaient dans les ports, et chaque victoire sur le continent était balancée par la perte de nos possessions d'outremer et la ruine de notre marine.

Le 4 février 1810, 5,000 Anglais, conduits par le vice-amiral Cochrane et le général Beckwith, s'emparèrent de la Guadeloupe et la cédèrent à la Suède, par le traité de Stockholm (3 mars 1813). Cette puissance, pour reconnaître le prix de cette cession, prêtait son concours à la coalition contre la France.

Les événements se succédèrent en Europe avec une telle rapidité que la Suède n'eut pas le temps de prendre possession de la Guadeloupe. L'île fut rendue à la France par le traité de Paris (30 mai 1814). Les Anglais la reprirent de nouveau pendant les Cent-Jours, le 10 août 1815, et nous la restituèrent le 25 juillet 1816, époque depuis laquelle elle n'a cessé d'être française.

La Restauration rétablit dans la colonie l'état de choses antérieur à 1789. L'ensemble du système colonial fut maintenu, mais on en atténua les vices; une plus large part fut donnée à l'initiative coloniale; le commerce fut moins entravé. La production du sucre, qui était de 5,304,560 kilogrammes en 1816, atteignit le chiffre de 35,810,491 kilogrammes en 1828; celle du café s'éleva aux mêmes époques de 284,136 kilogrammes à 1,020,357 kilogrammes.

Le gouvernement de Juillet prépara l'abolition de l'esclavage, en développant l'instruction primaire et religieuse, en simplifiant la forme des affranchissements et en adoucissant le sort des esclaves. Il s'inspira des vues larges et généreuses du duc de Broglie, qui pendant plus de vingt-cinq ans se consacra à l'étude de cette question. Malheureusement les sages mesures qu'avait indiquées le duc de Broglie pour prévenir toute transition brusque ne purent être appliquées. La révolution de 1848 arriva comme un coup de foudre et rendit immédiatement la liberté aux esclaves. Les propriétaires reçurent une indemnité de 500 fr. par tête, payables un an après. La Guadeloupe souffrit beaucoup ; le sang fut répandu, le travail interrompu.

L'introduction d'immigrants, introduction qui aurait dû, comme à Bourbon, précéder l'émancipation, a permis à la colonie de se relever. Dix ans après l'abolition de l'esclavage, le mouvement général des affaires était supérieur à celui de 1848.

La Guadeloupe, malgré les épreuves de toutes sortes, tremblements de terre, ouragans, épidémies, incendies, qui la frappent depuis plus d'un quart de siècle, n'a cessé de donner les signes d'une vitalité extraordinaire.

Deux sénatus-consultes, celui de 1854 et celui de 1866, sont venus régler la constitution de la Guadeloupe. Les différents régimes qui la régirent lui ont donné une sorte d'autonomie sous le contrôle de la métropole.

La population n'a cessé d'augmenter et a atteint en 1879 le chiffre de 174 231 habitants. Sa production et son mouvement commercial ont pris des proportions plus grandes. Enfin, le traité du 10 août 1877, par lequel la Suède rétrocède l'île de Saint-Barthélemy à la France, est venu ajouter un nouveau fleuron à la couronne de ses dépendances.

GÉOGRAPHIE PHYSIQUE

§ I. **Structure générale et géologie.** — La Guadeloupe, située par 15° 59'—16° 31' latitude nord, et 63° 32'—64° 9' longitude ouest, dans l'océan Atlantique, fait partie des petites Antilles ou îles du Vent, dont le mouvement général est le prolongement d'un des rameaux des Andes péruviennes. La circonférence de l'île est d'environ 444 kilomètres, sa superficie de 160,262 hectares. Divisée en deux parties par un canal long d'environ 11 kilomètres, large de 30 à 120 mètres, la Guadeloupe représente sur la carte, ainsi que l'a fait remarquer M. Jules Duval, deux ailes inégales déployées autour d'un axe qui en maintient l'unité, en même temps qu'il les sépare.

La partie occidentale s'appelle Guadeloupe proprement dite, la partie orientale Grande-Terre.

Dans la première, sorte d'ellipse irrégulière d'une longueur nord-sud d'environ 46 kilomètres et d'une largeur d'environ 27 kilomètres, le sol est d'origine volcanique, le terrain y est très tourmenté et argileux; une chaîne de montagnes dont la hauteur moyenne varie entre 1,000 et 1,200 mètres et dont le sommet le plus élevé, *la Soufrière*, atteint 1,484 mètres, la traverse du nord au sud, donnant naissance à d'impétueux torrents, sources de richesses et quelquefois de ruines, et ne laisse à la culture que les flancs de son système.

Dans la seconde, sorte de triangle dont la base est-nord-ouest mesure environ 53 kilomètres et dont la hauteur nord-sud est d'environ 31 kilomètres, le sol est un terrain d'alluvion et repose sur des assises calcaires formées de coquillages et de madrépores. Là, point de système de montagnes, mais quelques monticules jetés au hasard. Au nord, les hauteurs de l'Anse-Bertrand, formant un plateau de 95 mètres d'altitude; au sud, les grands fonds de Sainte-Anne, courant parallèlement à la côte et s'élevant à 115 mètres. Dans cette partie de l'île, il n'y a point de rivières; quelques ruisseaux sans pente, souvent desséchés, se frayent un passage vers la mer, en s'infiltrant à travers les sables.

La constitution géologique de ces deux parties de l'île est, comme on le voit, entièrement différente.

A la Guadeloupe, pays de montagnes et de forêts, les pluies sont abondantes et la nature du sol permet aux eaux de se réunir et de former des torrents. A la Grande-Terre, au contraire, l'absence de montagnes et de forêts rend les pluies moins fréquentes, la sécheresse s'y fait sentir; le sol, faisant l'office d'une éponge, absorbe le peu d'eau qui tombe et forme des marécages.

§ II. **Orographie.** — Abordons maintenant, dans ses détails, l'orographie de la Guadeloupe proprement dite.

Son massif montagneux doit son existence à quatre volcans, dont un seul, *la Soufrière*, projette aujourd'hui des vapeurs. La clef de tout le système, au point de vue du tracé, est le Sans-Toucher (1,480 m.). Ce morne, moins élevé que la Soufrière de 4 mètres seulement, occupe à peu près le milieu de l'ellipse formée par les contours de l'île et sert de soudure à deux rameaux presque parallèles, en gradins l'un par rapport à l'autre, courant d'abord dans une direction générale nord-sud, puis s'infléchissant l'un vers l'autre avant de se réunir en une masse unique dont l'arête se prolonge à peu près dans la même direction nord-sud, jusqu'à la mer. Le squelette de la chaîne affecte d'une manière générale la forme d'un Y sur le jambage principal duquel s'échelonnent les points les plus élevés de l'île.

Parmi ceux dont l'altitude est connue, nous citerons, en partant de l'extrémité nord de la Guadeloupe, la pointe Allègre, et en nous dirigeant vers les Trois-Rivières : le piton de Sainte-Rose (358 m.) ; la Grosse-Montagne, ancien volcan (720 m.) ; le piton Baille-Argent (610 m.) ; le piton Guyonneau (700 m.) ; les Mamelles, ancien volcan (773-719 m.), auxquelles vient se souder la montagne Saint-Jean, séparant les deux bras de la Grande-Rivière, le plus important des cours d'eau de la Guadeloupe ; les sauts de Bouillante (1,122-1.054 m.) ; le Sans-Toucher (1,480 m.) ; la Soufrière (1,484 m.) ; le morne de la Madeleine (1,050 m.) ; la montagne du Trou-au-Chien (440 m.) ; enfin, un peu en dehors de cette direction générale nord-sud-est, et sur la gauche, le Houelmont, ancien volcan (424 m.), et le Caraïbe (698 m.).

Le volcan de la Soufrière, si bien étudié par l'éminent géologue Ch. Sainte-Claire Deville, mérite une description particulière ; nous en signalerons les principaux cratères. La Soufrière forme un cône trachytique, qui surgit au milieu d'un vaste cirque de rochers de dolorite. Le point culminant de ce cône est à 1,484 mètres au-dessus du niveau de la mer ; il est situé à environ 9,700 mètres de la Basse-Terre en ligne droite. Le cratère est constitué par un plateau de 1,458 mètres d'altitude et de 350 mètres de diamètre ; la température moyenne est de 12 à 14 degrés ; il projette encore des vapeurs sulfureuses à la température de 96°. Ce plateau présente successivement des vallées et des pitons arrondis et est traversé par plusieurs fentes. Le soufre est tantôt imprégné dans les roches, tantôt déposé à l'état de concrétion aux bouches des fumarolles ou dans les anfractuosités des rochers; on le trouve aussi mélangé mécaniquement aux sables et aux cendres des alentours.

Des fumarolles s'échappent des vapeurs aqueuses, qui, par suite du dégagement des gaz, produisent quelques détonations et un bruit imitant le sifflement dans les locomotives.

Le produit annuel du soufre, d'après le rapport de M. Mercier, ingénieur civil (*Revue coloniale*, 1849), ne paraît pas dépasser 2,800 kilos, et il n'y a aucun parti à en tirer; d'ailleurs on peut à peine pendant vingt-cinq ou trente jours, au mois de septembre et d'octobre, monter par un beau temps à la Soufrière.

Du haut de la Soufrière, la vue s'étend sur toutes les îles voisines, et on peut même apercevoir les contours de la Martinique (située à 110 kil. dans le sud-est).

Perpendiculairement aux branches de notre Y s'adossent les contreforts. Ils s'abaissent en pente douce vers la mer dans la partie orientale et s'enfoncent presque à pic dans la partie occidentale. Aussi la fertilité de la côte est est-elle bien supérieure à celle de la côte ouest.

§ III. **Côtes.** — Connaissant la structure de l'ensemble du pays, nous passons naturellement à l'étude des côtes; nous ferons le tour des deux parties de l'île, en commençant par l'est.

L'extrémité de l'île se nomme pointe des Châteaux. C'est une langue de terre remarquable par ses falaises, dont la plus élevée atteint 44 mètres. Le site formé en cet endroit par l'agrégation des rochers, taillés irrégulièrement, est d'une grande sauvagerie.

De la pointe des Châteaux au port de la Pointe-à-

Pitre, la côte est généralement basse ; elle présente une série d'anses et de pointes ; on y remarque quelques salines.

Le fond de la mer est formé de sables et de bancs de coraux. Entre les coupures des récifs, nous trouvons le port de Saint-François et le mouillage de Sainte-Anne, dont les hauts fonds rendent la circulation assez difficile. La commune de Saint-François forme un chef-lieu de canton ; elle a une usine centrale ; sa population est de 6,269 habitants [1].

Sainte-Anne fut jusqu'en 1767 le chef-lieu de la sénéchaussée de la Grande-Terre ; on y compte quatre usines centrales ; sa population est de 8,785 habitants ; dans le voisinage du bourg, on trouve quelques carrières de pierre de taille ; sa plage est fréquentée par les baigneurs. Vient ensuite le mouillage du Petit-Havre, où les goëlettes chargent du sucre.

Nous remarquons un peu plus loin, en face du bourg du Gozier (4,914 h.), l'îlot de ce nom, élevé de quelques mètres. Cet îlot, pourvu d'un feu fixe, est le rendez-vous de pilotes qui aident la navigation entre la pointe des Châteaux et la pointe du Vieux-Fort.

A l'îlot du Gozier commence le Petit-Cul-de-Sac, dont le bassin, formé par la Grande-Terre et la Guadeloupe, a pour côté extérieur la ligne allant de l'îlet du Gozier à la pointe Goyave. Dans la partie orientale de ce cul-de-sac, nous trouvons la Grande-Baie, sorte de cuvette dont la pointe Verdure et le fort l'Union indiquent les bords ; cette Grande-Baie sert de rade extérieure à la Pointe ; c'est là que mouillent les navires, en attendant l'entrée du port.

La rade de la Pointe-à-Pitre est un bassin formé par la

---

1. Chaque fois que nous donnons le chiffre de la population d'un bourg, c'est toujours celui de la commune que nous indiquons.

côte occidentale de la Grande-Terre, la côte orientale de la Guadeloupe et les îlots qui vont de l'ilet à Cochons à la pointe Jarry. Ce bassin communique au nord et au sud avec le Grand et le Petit-Cul-de-Sac, formés par le resserrement progressif et en sens inverse des côtes de la Guadeloupe proprement dite et de la Grande-Terre. La rade, d'un accès facile, a une superficie de plus d'un kilomètre carré et peut abriter la flotte la plus nombreuse; on n'a pas à y craindre les ouragans, et on trouve 4 mètres d'eau au pied des quais; elle est éclairée par les feux du Gozier et de l'îlet à Monroux. Les îlots qui la ferment sont séparés entre eux par des hauts fonds; quelques défenses sous-marines les reliant suffiraient pour mettre le chef-lieu commercial de l'île à l'abri de toute insulte.

Il convient dès maintenant de signaler l'importance considérable que pourrait prendre, par suite du percement de l'isthme du Darien, la ville de la Pointe (18,028 h.), si l'on venait à améliorer son port et à livrer le canal de la Rivière-Salée à la grande navigation, en remarquant que la Guadeloupe est, de toutes les Antilles, celle qui se présente la première, sur la route de l'isthme, aux bateaux venant d'Europe. Les îlots de la rade — l'îlet à Cochons, à Monroux, à Serviant, à Chasse, à Cassin — contiennent quelques maisons et servent de changement d'air aux habitants de la Pointe. Sur quelques-unes, on fait de la chaux avec des lambis [1].

La côte suit une direction sud-est de la pointe Jarry à l'embouchure de la rivière du Coin; elle forme à cet endroit un angle droit avec sa direction première et affecte ensuite jusqu'à la pointe à Launay la forme d'un arc de cercle

---

1. Nous ne nous étendons pas à dessein sur la Pointe-à-Pitre dans cette description générale de la côte, nous réservant d'y revenir sous la rubrique : *Géographie politique.*

dont la corde passerait par ce cap et le sommet de la Soufrière. Les contours de cette partie de la Guadeloupe sont moins échancrés que ceux de la partie occidentale.

Dans le Petit-Cul-de-Sac, et vis-à-vis de la côte à laquelle ils devaient être soudés autrefois, nous trouvons une série d'îlots qui portent les noms d'îlets à l'Anglais, à Marpon, à Colas, à Nègre, à Cabrits, à Frégate de haut, à Frégate de bas, à la Hache, à Biche, Grand-Ilet, îlet à Moustiques, îlet Saint-Hilaire, Cage à Dupont, îlet à Fortune. Ces îlets sont à fond de corail et généralement boisés.

Sur la côte, nous trouvons l'embouchure de la rivière Lézarde et un peu plus bas celle de la Goyave, les deux seules rivières de l'île, avec la Grande-Rivière, navigables sur un faible parcours. Entre ces deux rivières sont situés, sur la côte, le Petit-Bourg et le bourg de la Goyave, ce dernier sans importance. La diligence de la Basse-Terre à la Pointe dépose les voyageurs au Petit-Bourg (701 h.), d'où un canot à vapeur les met en trois quarts d'heure à destination.

Après la Goyave viennent : la baie Sainte-Marie, un des meilleurs ports du Petit-Cul-de-Sac pour les bâtiments d'un faible tonnage (5 m. au plus) : c'est là que se chargent actuellement tous les sucres de la Capesterre; puis la Grande-Rivière, dont les deux embouchures forment la pointe de la Capesterre. De cette pointe à la rivière du Trou-au-Chien, la côte présente une série de caps et de baies où les goëlettes chargeaient autrefois les sucres. Les pentes de toute cette partie de la côte sont douces, et les rivières y sont, au point de vue des cultures, d'une certaine importance. La commune de la Capesterre (10,158 h.) est une des plus riches et des plus populeuses de l'île. C'est sur le territoire de cette commune qu'était l'habitation particulière de MM. de Boiseret et Neveux, co-propriétaires de l'île avec M. Houel, habitation qui devint plus tard le marquisat de Sainte-Marie. On y remarque l'habitation du Moulin-à-Eau, où l'on fait du sucre concret pour le marché américain.

Entre la Capesterre et la rivière du Trou-au-Chien, citons la rivière du Carbet, la pointe de la rivière aux Bananiers. De cette dernière rivière à la pointe des Trois-Rivières, les pentes du terrain sont abruptes, le littoral est comme écrasé par la montagne du Trou-au-Chien (448 h.); c'est de ce côté que la Soufrière se rapproche le plus de la mer. Puis viennent le bourg des Trois Rivières, la pointe de la Grande-Anse et la Grande-Anse. Les pentes du sol deviennent plus douces; on est dans le voisinage du col de Courbeyre, qui sépare la Soufrière du Caraïbe. C'est sur le territoire de la commune des Trois-Rivières que se trouvait autrefois le marquisat de Brignon. Le bourg des Trois-Rivières (5,079 h.) sert de mouillage aux canots des Saintes, qui font la traversée en une heure et demie.

Nous remarquons ensuite la pointe à Launay, la plus méridionale de l'île, et la pointe du Vieux-Fort (930 h.), formées de roches noirâtres ferrugineuses. Cette pointe du Vieux-Fort oblige les marins à quelques précautions.

De la pointe du Vieux-Fort à la rivière des Habitants, la côte s'infléchit vers l'ouest, puis se redresse pour prendre une direction générale sud-nord jusqu'à la pointe Allègre.

Toute cette partie de l'île est très accidentée : les montagnes sont fort rapprochées de la côte, et leurs contreforts, plongeant à pic dans la mer, dessinent fortement les anses et les caps. La côte est généralement insalubre, le sol pauvre et peu cultivé.

Près de la Basse-Terre, nous trouvons, au pied du fort Richepanse, l'embouchure de la rivière des Galions.

La Basse-Terre (8,687 h.) est une rade ouverte; les ras de marée y sont fréquents, et les navires y sont en danger pendant l'hivernage, dès que soufflent les vents du sud ou de l'ouest. Cette ville est le siège du gouvernement [1].

De la Basse-Terre à la rivière des Habitants, nous rencontrons : l'embouchure de la rivière des Pères, près de laquelle existait anciennement un bourg d'une certaine importance que les eaux emportèrent à plusieurs reprises et qui devint la Basse-Terre ; le bourg du Baillif (2,513 h.), l'anse et la rivière du Plessis, le bourg des Habitants (3,519 h.). Près du Baillif se trouvaient les habitations du Père Labat, protégées par une tour dont on voit encore les restes.

Après les Habitants viennent l'embouchure de la rivière Baugendre et l'anse à la Barque ; cette anse, assez profonde, sert pendant l'hivernage d'abri aux bâtiments qui fuient la rade de la Basse-Terre ; on y mouille un coffre à cette époque.

Bouillante (3,365 h.), qui fait suite, s'appelait autrefois l'îlet à Goyave, et tire son nom actuel des sources d'eaux chaudes voisines du bord de la mer, situées sur son territoire.

Le sol de cette commune est très travaillé par l'action des feux souterrains. C'est près de là que se trouve l'ancien volcan des Deux-Mamelles.

Le bourg de Bouillante et celui des Vieux-Habitants ont été l'objet des incursions répétées des Anglais.

Un peu plus haut, nous remarquons la pointe à Lézard, puis le bourg du Pigeon, sans aucune importance, l'îlet à Goyave, la pointe Mahault, l'embouchure de la rivière Caillou et le bourg de la Pointe-Noire ou Caillou (4,329 h.). Cette dernière commune est montueuse et insalubre.

Après avoir dépassé l'embouchure de quelques rivières sans importance, on arrive à la pointe Ferry, la plus occidentale de la Guadeloupe. De là à la pointe Allègre, la côte s'infléchit en demi-cercle vers l'est. Nous trouvons

---

1. Nous reviendrons sur son importance à la rubrique : *Géographie politique.*

successivement l'anse Deshaies, mouillage pour les grands navires, dans laquelle est le bourg de ce nom (863 h.), extrêmement misérable, la pointe du Gros-Morne et de la Grande-Anse. Toute cette côte est formée de gorges profondes.

La partie nord de la Guadeloupe s'étend de la pointe Allègre à Rivière-Salée. La côte est basse jusqu'à Sainte-Rose; quelques roches émergent sur les sables et leur donnent un certain relief. A partir de Sainte-Rose, ce ne sont que palétuviers jusqu'au Port-Saint-Louis; de petites rivières sans importance viennent se perdre dans les anses faiblement accusées et donnent à cette partie de l'île une grande fertilité, mais la rendent très malsaine. Nous remarquons, en suivant la côte, le bourg de Sainte-Rose (5,795 h.) et l'embouchure de la grande rivière à Goyave, le cours d'eau le plus considérable de l'île; on peut le remonter jusqu'à 9 kilomètres dans l'intérieur. La commune de Sainte-Rose est une des plus populeuses et des plus riches de la Guadeloupe. C'est dans cette commune, à l'anse dite du Vieux-Fort, que débarquèrent L'Olive et Duplessis en 1635.

A partir de la Grande-Rivière, la côte se creuse fortement pour former le Grand-Cul-de-Sac marin. Les pointes sont très saillantes et les baies plus profondes. Parmi ces dernières, on remarque : la baie du Lamentin, au fond de laquelle se trouve la commune de ce nom (5,264), dont le territoire avait été érigé, en 1707, en marquisat de Houelbourg; la baie Cercelle et la baie Mahault, ainsi que le bourg de ce nom (4,982 h.). Le territoire de cette dernière commune (ancien comté de Lohéac), bordé à l'est par la Rivière-Salée, couvert de mangles et de palétuviers, est entièrement malsain; c'est le plus bas et le plus inondé de toute l'île.

Une grande barre de cayes et de roches madréporiques, s'étendant de l'îlet à Kahouane, situé à l'ouest de la

pointe Allègre, à la pointe du Gris-Gris, située au nord
du Canal, forme avec la côte un vaste bassin de 2 à 6 kilomètres de large ; la mer y est toujours calme ; son minimum de profondeur est de 10 mètres. Les îlots de cette
barre sont généralement couverts de verdure, de cactus et
de raquettes ; sur quelques-uns on trouve des cabanes de
pêcheurs. On y fait de la chaux avec des lambis et des coraux. Le plus à l'ouest, l'îlet à Kahouane, a 74 mètres de
haut. Viennent ensuite la Tête-à-l'Anglais (46 mètres), l'îlet
Blanc, l'îlet à Caret, l'îlet à Fajou, le plus grand de tous,
où réussissent les asperges, l'îlet à Colas, l'îlet et la pointe
Macou. Dans l'intérieur du bassin, on remarque encore
quelques îlots sans importance : l'îlet du Petit-Carénage,
du Grand-Carénage, à Biche à Chistophe.

I a Rivière-Salée sépare, comme nous l'avons dit plus haut,
l'île en deux parties. Sa navigation est difficile et peut seulement être effectuée par les caboteurs. On a souvent proposé
de la creuser, afin de permettre aux grands bâtiments de la
traverser ; jusqu'à présent, on a reculé devant la dépense,
qui serait énorme et ne pourrait être supportée par la colonie, à moins que la Pointe-à-Pitre ne prît, par suite du
percement du Darien, l'importance à laquelle elle semble
appelée.

A l'extrémité nord de la rivière, sur les palétuviers, on
trouve nombre de petites huttes qui servent à abriter les
chasseurs de sarcelles ; le dimanche, c'est fort animé.

Un bateau à vapeur va deux fois par semaine de la
Pointe-à-Pitre à la Basse-Terre, et *vice versa*, en passant
par la Rivière-Salée ; il stationne devant les différents
bourgs de cette partie de l'île, d'où l'on envoie à bord par
des canots passagers et provisions.

De la Rivière-Salée à la pointe du Gris-Gris, où finit le
Grand-Cul-de-Sac, la côte est couverte de palétuviers ; les
anses, à l'exception de celle du Figuier, où nous trouvons
l'îlot de la Voûte, sont peu profondes ; les rivières n'ont

pas de pente, et, pour assainir le pays, on a dû les canaliser. Sur cette partie de la côte, nous remarquons : l'embouchure de la Petite-Rivière, l'îlet et la pointe à Macou, le vieux bourg du Morne-à-l'Eau, très malsain et presque abandonné, le canal des Rotours, le bourg du Petit-Canal (6,007 h.), qui possède une usine centrale. A quelque distance du vieux bourg du Morne à-l'Eau se trouve le nouveau bourg de Bordeaux-Bourg (6,663 h.), dans une situation éminemment favorable, au centre de la Grande-Terre et au croisement des routes de la Pointe-à-Pitre au Port-Louis et au Moule. Ce bourg est appelé à prendre une importance considérable si l'on vient à construire un chemin de fer de la Pointe au Moule pour remédier aux inconvénients que présente le port de cette dernière ville.

De la pointe du Gris-Gris à la pointe de la Grande-Vigie ou du Nord, la côte forme un angle obtus qui a pour sommet la pointe d'Antigue. Là, plus de palétuviers, mais des falaises sans végétation, s'enfonçant verticalement dans la mer. Une ceinture de rochers entoure ces falaises ; la mer s'engouffre avec violence dans les grottes qu'ils forment et en sort en jets qu'on nomme souffleurs ; la plus remarquable de ces grottes est celle du Trou-aux-Vaches, près de l'Anse-Bertrand. Le long de la côte, nous trouvons, offrant un excellent mouillage, Port-Louis (5,159 h.), chef-lieu de canton qui possède deux usines centrales et est relié à la Pointre-à-Pitre par un bateau à vapeur et par une diligence ; la pointe d'Antigue, le bourg de l'Anse-Bertrand (4,644 h.), et la pointe de la Petite-Vigie.

Sur le territoire de la commune de l'Anse-Bertrand et tout à fait au nord, il y avait encore, il y a cinquante ans, quelques Caraïbes qui formaient sept à huit familles et se livraient à la pêche.

De la pointe de la Grande-Vigie à la pointe des Châteaux, la côte forme une espèce de cuvette dont le fond est compris entre l'ancien bourg Sainte-Marguerite et la ville du Moule. La côte est généralement basse et formée de coraux. Parmi les anses et les pointes les plus remarquables, citons : la pointe d'Enfer, la pointe des Gros-Caps, l'anse à la Barque, l'anse Sainte-Marguerite, la pointe du Rempart, la pointe Malherbe et la baie Sainte-Marie; entre cette dernière baie et la pointe Sainte-Marie, on remarque l'îlet à Gourde.

Le bourg du Moule (10,798 h.) a tout à fait l'aspect d'une petite ville : on y compte cinq usines centrales. Son port peut recevoir des navires de 300 tonneaux, mais il est d'un accès difficile. Au commencement de 1878, un navire fut coulé dans la passe, et l'on fut obligé d'employer la mine pour la dégager. Aussi, à plusieurs reprises, a-t-il été question de créer une ligne ferrée reliant le Moule à la Pointe-à-Pitre et passant par le Morne-à-l'Eau (31 kilomètres); ce projet, plusieurs fois abandonné, nous paraît d'une utilité incontestable et propre à augmenter la prospérité de ce quartier, l'un des plus riches de l'île. Au mois de février 1879, le conseil général, réuni en session extraordinaire à la Pointe-à-Pitre à l'effet d'étudier de nouveau la question, a ajourné pour le moment, par suite de considérations dans lesquelles nous ne pouvons entrer ici, la solution à donner au projet qu'on lui présentait, tout en reconnaissant l'utilité publique de la création d'une voie ferrée de la Pointe au Moule.

Le Moule, autrefois siège d'une sénéchaussée, puis d'un tribunal de première instance, n'a plus qu'une justice de paix.

§ IV. **Hydrographie.** — La Guadeloupe proprement dite possède soixante-dix rivières ou ruisseaux. La Grande-Terre et les dépendances de l'île n'ont que des ruisseaux généralement desséchés, et l'on est obligé d'y recueillir l'eau de pluie.

Les rivières de la Guadeloupe prennent leur source à

une grande hauteur et ont par suite une pente considérable ; leurs lits sont encaissés et forment une succession de
cascades d'un effet très pittoresque ; source de fertilité pour
le sol qu'elles arrosent, elles deviennent souvent, à l'époque des pluies, des torrents désastreux. A cette époque,
les roches qui forment le fond des rivières, entraînées par
l'impétuosité des eaux, roulent avec fracas les unes sur
les autres, et le torrent se précipite avec violence vers la
mer. On dit dans le pays : « La rivière descend. » Celui que
surprend la rivière est un homme perdu, et chaque année
on a à enregistrer quelques accidents de cette nature.

A l'exception de la Rivière-Salée, de la Goyave et de la
Lézarde, aucune de ces rivières n'est navigable ; on les
utilise cependant ; ce sont elles qui mettent en mouvement
les moulins des habitations.

A la Grande-Terre, où ce moteur fait défaut, on était
obligé, avant la création des usines centrales, d'employer
les moulins à vent.

Les plus considérables de ces rivières sont très poisson-
neuses.

Nous allons énumérer les principales, en partant de
l'extrémité de la Rivière-Salée et en faisant le tour de
la partie occidentale de l'île. Nous trouvons d'abord la
Lézarde, qui reçoit les eaux de la Trinité, de la Thorette
et de nombreux petits ruisseaux. Cette rivière prend sa
source dans le versant est des montagnes de l'île et est
navigable à quelque distance de son embouchure ; elle est
sujette à de fréquents débordements, à la suite desquels la
route du Petit-Bourg à la Pointe-à-Pitre devient imprati-
cable.

Les rivières à Moustiques et de la Rose, qui suivent,
sont sans aucune importance.

Une série de rivières s'échappent ensuite des flancs du
Sans-Toucher. Ce sont : la petite rivière à Goyave, ali-
mentée par des sources nombreuses, la rivière Sainte-

Marie, la rivière de Capesterre, formée des ravines Troubalaou, Mouri-Faim, Mondéclair.

La rivière du Carbet, que nous signalerons maintenant, prend sa source dans les flancs de la Soufrière et est resserrée entre deux contreforts orientaux de la Soufrière, la montagne Saint-Martin à gauche et la montagne du Carbet à droite. Cette rivière, à sa sortie de la Soufrière, fait un saut de près de 600 mètres et forme une cascade qu'on aperçoit à trois lieues; son volume varie avec les pluies.

Entre cette rivière et la rivière du Bananier, qui sépare le quartier de la Capesterre de celui des Trois-Rivières, on remarque, à 394 mètres au-dessus du niveau de la mer, le Grand-Etang, qui a près d'une lieue de circonférence. Le site formé à cet endroit par les grands arbres qui entourent le lac a un caractère plein d'une sombre majesté. Cet étang est visité de temps à autre par des chasseurs qui le parcourent sur un radeau et par quelques naturalistes qui vont chercher sur ses rives une flore qu'on ne trouve que là.

Notons pour mémoire : la rivière du Trou-au-Chien, dont le cours est très rapide; la rivière du Petit-Carbet, qui prend sa source au pied de la Soufrière, et la rivière de la Grande-Anse.

Citons, au pied du fort Richepance, la rivière des Galions, ainsi nommée parce que les galions d'Espagne y faisaient autrefois de l'eau. Cette rivière descend de la Soufrière; on remarque près de son embouchure un pont très hardi, construit, en 1773, d'une seule arche, sur lequel passe la route de la Basse-Terre à la Pointre-à-Pitre.

Après avoir dépassé la Basse-Terre, que traverse un ruisseau nommé la rivière aux Herbes, nous arrivons à la rivière des Pères. Cette rivière, sujette à de fréquents débordements, porte le nom de rivière Saint-Louis pendant une partie de son cours. Elle reçoit à gauche la rivière Noire et la rivière Rouge. Ce dernier cours d'eau arrose le Matouba, le quartier le plus frais de l'île, et est remarquable par la limpidité et la fraîcheur de ses eaux. La rivière Noire descend de la Soufrière et forme à un quart de lieue du Camp-Jacob une cascade très pittoresque, la cascade Vauchelet. A la jonction de ces deux rivières, on remarque une chute d'environ 30 mètres de hauteur, le saut de Constantin, digne de l'attention des touristes. Sur les bords de la rivière des Pères se trouvait autrefois, ainsi que nous l'avons déjà fait remarquer, un bourg assez considérable, qui, emporté plusieurs fois par les eaux, fut reculé successivement et est devenu la Basse-Terre.

Indiquons, à cause de l'excellence de ses eaux, la rivière Duplessis, et arrêtons-nous devant la rivière des Habitants. Cette rivière prend sa source au Sans-Toucher; ses bords sont couverts de mangles et de palétuviers, et son embouchure forme une sorte d'étang marécageux; elle est très poissonneuse. La coulée dans laquelle elle serpente forme un des plus beaux sites de l'île.

Les rivières qui suivent descendent des mornes qui surplombent la côte occidentale : elles n'ont qu'un faible parcours et méritent seulement d'être énumérées.

Ce sont : la rivière Baugendre, la rivière de Bouillante, les rivières à Bourseau, à l'Osteau, la rivière à Colas, la rivière de la Grande-Plaine, la rivière de la Petite-Plaine, qui forme une sorte d'étang près de son embouchure, la rivière Caillou, la rivière Ferry, la rivière Deshayes; puis, après la Petite-Anse, une série de petites rivières jusqu'à la grande rivière à Goyave.

La Grande-Rivière prend sa source au Sans-Toucher et court, dans la plus grande partie de son parcours, du nord au sud, formant la seule vallée longitudinale de l'île. Elle reçoit sur sa gauche plusieurs bras, dont les plus importants sont : le bras David, le bras Saint-Jean, séparé de la Grande-Rivière par la montagne Saint-Jean, le bras de

Sable, la Petite-Rivière. A 4 ou 5 kilomètres de son embouchure, la Grande-Rivière tourne à angle droit vers l'est et court au milieu des palétuviers. Ce cours d'eau a trois embouchures : celles de l'ouest et de l'est-nord-est sont comblées ; la troisième, celle du sud-sud-est, a été draguée : on trouve 2 à 4 mètres d'eau sur une largeur restreinte, et les bâtiments qui l'ont franchie peuvent remonter jusqu'à 9 kilomètres dans l'intérieur.

Signalons enfin la Ravine-Chaude, qui débouche dans la baie de Lamentin, et deux ruisseaux venant se perdre, au milieu des mangles et des palétuviers, dans la baie Cercelle et dans la baie Mahault, le dernier formant une espèce d'étang près de son embouchure.

Eaux minérales. — Nous compléterons la description physique de la Guadeloupe par l'énumération des eaux minérales qu'elle contient, énumération empruntée à l'Annuaire officiel de la Guadeloupe (1879).

1° *Eaux sulfureuses.* — Eau des hauteurs du Matouba, déposant beaucoup de soufre hydraté et marquant une température de 53 degrés centigrades ; eau de Sainte-Rose, marquant 31 degrés centigrades ; eau de Saint-Charles, marquant 24 degrés centigrades.

2° *Salines faibles.* — Eau de Pigeon, ou bain du Curé ; eau située sur le bord de la rivière de Bouillante ; eau de Dolé ; eau de la rivière chaude de Lamentin.

3° *Salines fortes.* — Eau de la fontaine Bouillante à la lame ; eau du Palétuvier ; bains chauds Bauvallon.

4° *Salines fortes avec dépôts ferrugineux.* — Ces dernières eaux laissent déposer dans les bassins des précipités abondants qui contiennent plus de 5 0/0 de leur poids de peroxyde de fer. Bains Jaunes ; eau de Morne-Goyavier.

Toutes ces eaux, à l'exception de celle de Saint-Charles, sont thermo-minérales.

§ V. **Climat.** Saisons. — On distingue à la Guadeloupe deux saisons : la saison chaude, ou hivernage, et la saison fraîche. La saison chaude dure depuis la mi-juillet jusqu'à la mi-octobre. Au mois de novembre, on a ce qu'on appelle le petit été de la Saint-Martin. Les mois de décembre, de janvier et de février sont les plus frais, mais quelquefois très pluvieux ; ils sont comme un petit hiver. La saison fraîche s'étend de décembre à juin ; le mois de décembre est appelé renouveau. Les jours sont à peu près égaux aux nuits ; les plus courts sont de onze heures quatorze minutes, les plus longs de douze heures cinquante-six minutes.

Baromètre. — Le baromètre varie avec une grande régularité : il monte jusqu'à neuf heures et demie du matin, descend jusqu'à quatre heures et demie du soir, remonte jusqu'à dix heures, et redescend ensuite jusqu'à quatre heures et demie du matin, avec des oscillations comprises entre 0,7618 et 0,7637. La pression barométrique atteint son maximum en avril et son minimum en octobre. Les variations les plus brusques surviennent pendant l'hivernage et annoncent tantôt un ras de marée, tantôt un ouragan, quelquefois des désastres dans les autres Antilles. C'est ainsi qu'en 1876, pendant l'hivernage, un ouragan dévasta Saint-Martin, sans se faire ressentir à la Guadeloupe.

Les signes précurseurs de l'ouragan sont l'obscurité qui enveloppe l'horizon, la pesanteur de l'air, l'amoncellement des nuages, l'inquiétude des animaux, etc. Les ras de marée sont produits par les vents de l'ouest et du sud et ont généralement lieu à la Basse-Terre pendant l'hivernage, au Moule pendant les noëls ; l'état de l'atmosphère est à peu près le même que celui du ciel, lors de l'ouragan.

Il ne se passe point d'année où il n'y ait des tremblements de terre, mais ils sont loin d'être aussi désastreux qu'ils ne l'étaient autrefois. On se rappelle encore la violence de celui du 8 février 1843, qui détruisit en soixante-dix secondes la Pointe-à-Pitre (dix heures trente-cinq minutes du matin) Les secousses sont plus fréquentes à la Grande-Terre qu'à la Guadeloupe, où la Soufrière sert naturellement de soupape. Pendant un séjour de quatre ans à la Guadeloupe, nous avons ressenti trois secousses à l'époque de l'hivernage. Une légère oscillation de deux ou trois secondes, à peine appréciable en dehors des habitations, communiquait aux meubles des appartements un mouvement très accentué de va-et-vient.

Température. — La température moyenne est de 26°; les variations sont très régulières. A huit heures, pendant la saison sèche, le thermomètre marque 21 ou 22°; pendant l'hivernage, à la même heure, on a 25 ou 26°. Vers midi, une heure, on a 28 et 29° dans la saison sèche ; le thermomètre s'élève à 31° pendant l'hivernage et atteint quelquefois 35° à la Basse-Terre, 36 et 37° à la Pointe-à-Pitre. Au Camp-Jacob, il y a une différence moyenne de 5° en moins avec la Basse-Terre. Le plus grand écart, du moment le plus chaud au moment le plus frais de la journée, est de 5 à 7°. La brise de nuit et la brise de jour modèrent régulièrement la chaleur.

Humidité. — L'humidité est considérable en tout temps à la Guadeloupe. L'hygromètre n'accuse jamais moins de 61° et atteint 97°. L'humidité de la Guadeloupe est à celle de la France dans le rapport de 8 à 3 ; elle est plus forte d'un septième à la Basse-Terre qu'à la Pointe et augmente encore au Camp-Jacob.

PLUIES. — Pendant l'hivernage, les pluies sont diluviennes ; elles tombent surtout à la Guadeloupe proprement dite, et quelquefois une sécheresse désespérante pour les récoltes afflige la Grande-Terre, à cette époque. « Plus on va au vent, moins il pleut. » En mars et avril tombent des grains, pluie d'orage de peu de durée, à la suite desquels survient toujours une forte élévation de température. A la fin de l'année, on a les noëls, grains de peu de durée, mais très rafraîchissants. On a calculé qu'à la Pointe il tombe deux fois plus d'eau qu'à Paris, à la Basse-Terre trois fois plus, au Camp-Jacob et dans les hauteurs qui dépassent 500 mètres cinq fois plus. C'est en janvier et en février qu'il tombe le plus d'eau. Cette quantité de pluie et la pente des rivières, dont le parcours dépasse rarement 12 kilomètres, produisent ces crues subites dont nous avons signalé les dangers.

VENTS. — Les vents dominants à la Guadeloupe et à la Grande-Terre sont les vents de l'est, ou vents alizés ; les vents viennent du nord-est de janvier à mai ; de mai à octobre, on a les vents du sud, qui varient de l'est à l'ouest. On se sert aux Antilles des expressions *au vent* et *sous le vent* pour désigner l'orient et l'occident.

MALADIES. — En parlant du climat, nous croyons intéressant de dire quelques mots des maladies endémiques à la Guadeloupe ou de celles qui, sous l'influence tropicale, s'y développent avec plus d'intensité que dans nos climats européens. Parmi les maladies endémiques, citons la fièvre paludéenne, la dysenterie, l'hépatite et quelquefois la fièvre jaune.

La fièvre paludéenne sévit en tout temps dans certains foyers, mais elle devient plus grave pendant l'hivernage ; elle a la plus grande intensité à la Pointe et à la Grande-Terre, en général.

La dysenterie règne surtout à la Basse-Terre, où elle a quelquefois causé autant de ravages que la fièvre jaune. Prise à temps, cette maladie n'a rien d'extrêmemeut grave et ne saurait se comparer avec la dysenterie de Cochinchine par exemple.

L'hépatite offre plus de gravité que ces deux maladies, mais elle est beaucoup plus rare.

Nous pourrions citer encore, à cause de son caractère endémique, la colique sèche, très rare et sans grande gravité.

La fièvre jaune apparaît généra'ement pendant l'hivernage et est due à l'action prolongée des vents de l'ouest et du sud ; elle est aussi souvent importée des îles voisines. On reste pendant six, huit, dix ans sans en entendre parler. Quand elle se déclare, elle frappe surtout la population européenne, à l'inverse du choléra, qui sévit principalement sur les noirs. Il meurt, en temps d'épidémie de fièvre jaune, un peu plus de la moitié des sujets atteints. L'émigration sur les hauteurs est le meilleur préservatif.

Parmi les maladies non endémiques, nous citerons, parmi celles qui se développent le plus facilement à la Guadeloupe : les fièvres éruptives, la folie, presque toujours une cachexie alcoolique chez les indigènes, les fièvres typhoïdes chez les Européens (surtout chez nos soldats), enfin la phtisie, qui s'y aggrave très rapidement. La proportion de la mortalité de 1845 à 1875 a été de 33 pour 1000 ; en France, elle est de 23 à 24 pour 1000.

DÉPENDANCES

La Guadeloupe compte cinq dépendances. Nous allons les parcourir, non dans l'ordre de leur importance, mais dans celui où elles se présentent quand, partant de l'est, on va de l'une à l'autre, en rayonnant autour de la Guadeloupe. Nous ferons, à cette place, une petite monographie de chacune d'elles, de façon à ne pas avoir à y revenir par la suite.

I. — Désirade.

La Désirade (Deseada ou Désirée), située à 11 kilomètres nord-est de la pointe des Châteaux, par 15° 57′ et 16° 31′ latitude nord, et 63° 32′ et 64° 9′ longitude ouest, fut la première terre que Christophe Colomb découvrit à son second voyage (3 novembre 1493), et dut son nom à cette circonstance. Cette dépendance a constamment suivi la fortune de la Guadeloupe. C'est une île longue et étroite : elle a environ 22 kilomètres de tour ; sa longueur est de 10 kilomètres, sa largeur de 3 kilomètres, sa superficie de 2,720 hectares.

L'île est surmontée d'un plateau boisé, d'origine volcanique, de 280 mètres de hauteur ; ce plateau est légèrement incliné de l'ouest à l'est et partage l'île en deux parties dans le sens de la longueur ; au sud, ses flancs sont taillés à pic ; au nord, ils s'infléchissent graduellement vers la mer ; sur les deux versants, les pentes sont dénudées.

La côte sud est semée de coraux qui s'étendent de la pointe à Colibri, sud-ouest de l'île, à la pointe du Nord, nord-est de l'île. Quand on fait le tour de l'île en partant de la pointe du Nord, on remarque l'embouchure de la Rivière, ruisseau torrentueux, le mouillage du Galet, le bourg de la Grande-Anse, le point le plus occupé de l'île, et la baie Mahault, où se jette un petit ruisseau. C'est près de là, sur un petit plateau, que se trouve la léproserie.

Cette léproserie, établie en 1728, a été plusieurs fois détruite. Aujourd'hui, elle comprend deux séries de cases parallèles et une chapelle. Elle reçoit environ 100 malades des deux sexes. Un médecin de la marine dirige le service, fait par des sœurs de Saint-Paul de Chartres. Cet établissement ne reçoit que les malheureux.

La Désirade a 1,315 habitants, qui se livrent à la pêche ou cultivent le coton, qui y vient très bien. Le canal compris entre la Désirade et la pointe des Châteaux est très fréquenté.

II. — Saint-Barthélemy.

L'île de Saint-Barthélemy est située à 240 kilomètres au nord-nord-ouest de la Guadeloupe, sur 65° 62' de longitude ouest et le 17° 58' de latitude nord, entre les îles Saint-Eustache, Saint-Christophe, la Barbade et notre possession de Saint-Martin. Elle s'étend de l'est à l'ouest sur une longueur de 9 kilomètres et une largeur variant entre 2 et 3 kilomètres ; elle a 25 kilomètres de tour ; sa superficie est d'environ 1,200 hectares.

En 1548, Lonvilliers de Poincy, commandeur de Malte et

capitaine général des îles pour le roi et la première compagnie à Saint-Christophe, envoya un sieur Gentès, avec 58 Français, coloniser Saint-Barthelemy. En 1651, l'ordre de Malte acheta Saint-Barthélemy en même temps que Saint-Martin ; mais les incursions des Caraïbes firent échouer ces projets de colonisation. Poincy renouvela, en 1659, un essai qui réussit à moitié. En 1674, après avoir appartenu dix ans à la seconde Compagnie française, créée par Colbert, l'île fut réunie à la Guadeloupe. Cent ans après, en 1775, sa population comptait 427 blancs et 345 esclaves. En 1784, la France, pour obtenir un droit d'entrepôt à Gothembourg, céda Saint-Barthélemy à la Suède.

L'île de Saint-Barthélemy a été rétrocédée à la France par le traité du 10 août 1877; M. Couturier, gouverneur de la Guadeloupe, en a pris solennellement possession le 16 mars 1878.

L'île, de formation calcaire, est irrégulière et très échancrée dans ses contours. Elle est entourée d'une série d'îlots qui en rendent l'accès difficile; les principaux sont : la Fourche, la Frégate, le Boulanger, le Toc-Vert et l'île Goat.

A l'intérieur de l'île, pas de grands mouvements de terrain, mais des mornes reliés entre eux très irrégulièrement et ne dépassant pas 300 mètres ; leurs contours dssinent une série d'anses et de nombreuses vallées où l'on trouve des salines.

Il n'y a dans l'île que deux centres de population, Gustavia et Lorient. Le port de Gustavia, à l'est de l'île, a la forme d'un fer à cheval ; à l'extrémité sud-ouest du fer à cheval, le fort Oscar, élevé de 41 mètres au-dessus du niveau de la mer, et à l'extrémité nord-est le fort Gustav, élevé à 78 mètres, tous les deux sans aucune importance militaire, commandent l'entrée du port. Le Père Dutertre donnait ainsi la description de Gustavia : « C'est un havre qui pénètre de plus d'un quart de lieue dans la terre par une entrée large de cinq pas; il en a plus de 300 de longueur en quelques endroits, et aux plus étroits 200; il est accessible en toute saison, même pour les plus grands navires. » Il convient d'ajouter que les ilots qui entourent l'île nécessitent les plus grandes précautions de la part des navigateurs. La ville de Gustavia, déclarée port libre par la Suède en 1785, avait acquis par son commerce avec les îles voisines une certaine importance qu'elle a perdue depuis et qu'est venu encore amoindrir un incendie récent; sa population est d'environ un millier d'âmes.

Lorient, situé au vent de l'île, sur le bord de la mer, est abrité par un bois de cocotiers au milieu duquel s'éparpillent des maisons de bois entourées de murs en pierres sèches. Ses habitants, qui descendent des anciens Normands et qui n'ont conservé de leurs ancêtres que le goût des travaux agricoles et quelques vieux mots usités au xviie siècle, parlent tous le français, à l'encontre des habitants de Gustavia, qui parlent généralement l'anglais ; ils sont au nombre de quatre ou cinq cents. On trouve encore au nord la vaste baie de Saint-Jean.

La population totale de l'île est de 2,800 habitants, parmi lesquels 350 protestants.

Les habitants sont dégrevés d'impôts et relèvent, au point de vue politique, administratif et judiciaire, de la Guadeloupe. Il y a à Saint-Barthélemy un tribunal de première instance, composé d'un juge et d'un commissaire du gouvernement.

La principale industrie de Saint-Barthélemy est l'élève du bétail ; l'île produit aussi du coton, des légumes et des fruits (ananas).

Le climat est très sain, et il pleut rarement; aussi achète-t-on de l'eau [1].

1. L'île coûtait annuellement 68,000 francs à sa métropole. Le gouvernement français devait verser 80,000 francs à la Suède pour prix

III. — Saint-Martin.

L'île de Saint-Martin est située à 233 kilomètres nord-nord ouest de la Guadeloupe, par 18° 3′ latitude nord et 65° 34′ longitude ouest, entre l'île Saint-Barthélemy, notre nouvelle possession, et l'Anguille, qui fait partie des Antilles anglaises. La partie qui appartient à la France a environ 39 kilomètres de tour ; sa superficie est 5,177 hectares, non compris l'îlot de Tintamarre, sur la côte nord-est de l'île, îlot désert qui appartient aussi à la France. Saint-Martin et l'îlot de Tintamarre sont de formation calcaire.

De Poincy, gouverneur général des établissements français à Saint-Christophe, fit prendre possession de l'île en 1639, mais aucun établissement n'y fut créé. Les Hollandais vinrent ensuite s'y établir ; la construction d'un petit fort marqua leur premier établissement. Chassés par les Espagnols, qui abandonnèrent ensuite l'île, les Hollandais vinrent de nouveau de Saint-Eustache pour coloniser Saint-Martin. Leur exemple fut suivi par 300 Français que de Poincy envoya de Saint-Christophe, sous les ordres de son neveu.

Les Hollandais et les Français se partagèrent l'île le 23 mars 1648 et se jurèrent une foi réciproque qui n'a jamais été violée [1].

des édifices publics et de leur mobilier, et 320,000 francs pour indemniser les fonctionnaires de l'île de la perte de leurs fonctions. Le gouvernement suédois a dégrevé la France de la première somme, à charge par elle de fonder à Gustavia un hospice. Le dernier gouverneur, M. Bror-Ulrich, ancien capitaine de vaisseau de la marine suédoise, a touché une indemnité de 117,000 francs, son secrétaire 60,000 francs. Le gouvernement français a fait distribuer un secours de 4,000 francs, le jour de la prise de possession.

1. A chaque passage du gouverneur de la Guadeloupe à Saint-Martin, le gouverneur de la partie hollandaise envoie un délégué saluer le représentant de la France.

Saint-Martin passa à l'ordre de Malte en 1651, fut acheté par la deuxième Compagnie et réuni au domaine de la couronne en 1674. Cette île, depuis, a suivi la fortune de la Guadeloupe et tour à tour appartenu à la France et à l'Angleterre. Dans l'attaque de 1808, quarante-cinq soldats français repoussèrent deux cents Anglais qui tentaient de s'en emparer.

L'île a la forme générale d'un triangle équilatéral; ses contours sont très échancrés; ses anses offrent de bons mouillages. La partie nord-ouest appartient à la France, qui a environ les deux tiers de l'île.

Une chaîne de montagnes dont le sommet le plus élevé, le pic du Paradis, atteint 415 mètres, traverse Saint-Martin dans son milieu, du nord au sud. On remarque aussi, dans l'ouest (partie hollandaise), la Selle ou mont Rouge (Osten Berg : 129 mètres), et, sur la côte est du lac Simpson (partie française), le morne de la Fortune (89 mètres). Le sol de l'île est léger et sablonneux.

Les côtes présentent une série de baies dont les principales, en partant de la pointe nord, sont : la baie Orientale et la Grande-Baie, pour la partie hollandaise; la baie Simpson, la baie du Marigot et la baie de la Grande-Case, pour la partie française.

Au fond de la Grande-Baie, sur une étroite dune de sable, est situé Philippsbourg, chef-lieu de la partie hollandaise, naguère protégé par les forts Amsterdam et Wilhem, aujourd'hui en ruines; en arrière de la ville, on remarque, à 1 mètre 35 au-dessous du niveau de la mer, le lac Salé, le plus important des deux parties.

Au fond de la baie du Marigot se trouve le bourg du Marigot, chef-lieu et mouillage de la partie française, dominé par une colline de 95 mètres, que couronne un fort en ruines. Près du Marigot est situé le lac Simpson, dont les eaux se frayent quelquefois un passage praticable pour les canots jusqu'à la baie du même nom.

Le climat de Saint-Martin est très sain ; il pleut rarement, et l'on boit l'eau des citernes. La population de la partie française est de 3,463 habitants ; celle de la partie hollandaise est d'environ 2,800. Dans les deux parties de l'île, on parle l'anglais.

La principale industrie de l'île est l'exploitation des salines, qui donnent annuellement 3 600,000 hectolitres de sel. On y récolte aussi des vivres et du coton. Bien éloignée est l'époque où Saint-Martin produisait du sucre et du rhum renommé ! Saint-Martin ne paye pas d'impôts et jouit d'un régime de commerce particulier. Jusqu'à la prise de possession de Saint-Barthélemy, il y avait à Saint-Martin un juge de paix à compétence étendue. Depuis cette époque, il y a, comme dans l'île voisine, un tribunal composé d'un juge titulaire et d'un juge suppléant, un parquet comprenant un commissaire du gouvernement et un greffier.

Un bateau-poste fait communiquer deux fois par mois la Basse-Terre avec Saint-Martin et Saint-Barthélemy.

IV. — Les Saintes.

Les Saintes, composées de cinq îlots principaux (Terre de Haut, Terre de Bas, Grand-Ilet, la Coche et îlet à Cabrits), dont trois seulement sont occupés (Terre de Haut, Terre de Bas et îlet à Cabrits), sont situées à 19 kilomètres sud-est de la Guadeloupe, entre la Guadeloupe et la Dominique, par 15° 54' latitude nord et 64° 1' longitude ouest. Leur superficie est de 1422 hectares.

Les Saintes furent découvertes par Christophe Colomb le 4 novembre 1493 et tirèrent leur nom de la fête de la Toussaint, célébrée quatre jours auparavant. Elles furent occupées pour la première fois par les Français, le 18 octobre 1648, sous le gouvernement de Houel, abandonnées à cause de leur manque d'eau et occupées de nouveau en 1652, sous le même gouvernement. Depuis lors, les Saintes ont subi toutes les vicissitudes de la Guadeloupe. C'est dans leurs eaux que le comte de Grasse fut battu par Rodney en 1782.

Le sol des Saintes, formé de rochers, est aride et présente une succession de mornes, dont le plus élevé (Terre de Haut) ne dépasse pas 314 mètres.

La Terre de Haut, la plus à l'est, est de forme irrégulière et très découpée ; un canal navigable pour les plus grands vaisseaux la sépare de la Terre de Bas, de forme carrée. Entre la Terre de Haut et l'îlet à Cabrits, sur lequel se trouvent un pénitencier et un lazaret pour les quarantaines, est une baie profonde, où depuis 1775, à la suite d'un ras de marée survenu à la Basse-Terre, les bâtiments de guerre en station à la Guadeloupe ont l'ordre de se réfugier, en cas de mauvais temps. La passe des Vaisseaux, venant du nord, est marquée par un récif appelée la Baleine.

Le climat des Saintes est très salubre, et l'on y envoie en convalescence les dysentériques.

La population totale des Saintes est de 1705 âmes, dont l'industrie principale est la pêche. On récolte aux Saintes (Terre de Bas) un café estimé et du coton. On y fait aussi des poteries, et on s'y livre à l'élève des volailles.

Les fortifications des Saintes ont valu à ce groupe d'îlots le titre de Gibraltar des Antilles. Ces fortifications se composent du fort Napoléon, qui domine la Terre de Haut (il est occupé par une compagnie dé discipline de la marine), et de la batterie du Morne-Rouge, tous les deux de construction récente et en parfait état. Mentionnons pour mémoire, sur l'îlet à Cabrits, le fort Joséphine, converti en pénitencier pour les détenus qui subissent leur peine dans la colonie, et un blockaus en pierre situé sur le Chameau (Terre de Haut), morne élevé de 316 mètres au-dessus du niveau de la mer.

Le bourg de Terre-d'en-Haut se trouve entre le fort Napoléon et le morne du Chameau. Un bateau-poste met
deux fois par semaine la Basse-Terre et les Saintes en
communication ; il y a en outre de fréquentes relations
entre la Terre de Haut et les Trois-Rivières. Les Sain-
tois, intrépides et habiles marins, s'y rendent dans une
heure ou une heure et demie pour y vendre le produit de
leur pêche et y prendre des vivres.

V. — Marie-Galante.

Marie-Galante est située à 27 kilomètres sud-ouest de la
Capesterre, à 48 kilomètres sud de la Pointe-à-Pitre, par
16° latitude nord et 63° 30′ longitude ouest, entre la Guadeloupe et la Dominique, dont elle est séparée par un canal
de 33 kilomètres. C'est la plus grande des dépendances ; de
forme circulaire, elle a environ 82 kilomètres de tour, et
sa superficie est de 14,927 hectares. Christophe Colomb la
découvrit le 3 novembre 1493 et lui donna le nom du
vaisseau qu'il montait. Cette île était peuplée par les Caraïbes, quand les Français vinrent l'occuper en 1648. Les
Caraïbes disparurent peu à peu dans la guerre d'extermi-
nation qu'on leur fit. Marie-Galante, tour à tour la propriété des Compagnies, fut réunie au domaine royal
en 1674 ; elle eut ses gouverneurs particuliers de 1665
à 1763. Prise par les Anglais en 1691 et abandonnée, elle
retomba en leur pouvoir en 1703 et passa au nôtre en 1706 ;
tombée de nouveau aux mains des Anglais, elle nous fut
rendue en 1763, en même temps que la Guadeloupe. L'île,
en 1775, possédait 12,000 noirs et produisait 5,000,000 de
livres de café, 2,000,000 de livres de sucre et 3 à 400,000 livres de coton. L'année suivante (6 septembre 1776), elle
fut complètement ruinée par un ouragan. Prise une autre
fois par les Anglais en 1794, elle leur fut enlevée par

Victor Hugues, au mois de novembre de la même année. Les cultures, à partir de cette époque, prirent un nouvel essor jusqu'en 1808, époque à laquelle l'île devint de nouveau anglaise. Sous ce nouveau régime, après avoir été ruinée de fond en comble par ses envahisseurs, elle devint indépendante jusqu'en 1810, date de sa réunion à la Guadeloupe par ses conquérants. Rendue à la France au traité de Paris en 1814, elle fut une dernière fois anglaise en juillet 1815 et redevint définitivement française en 1816.

La culture de la canne à sucre s'est substituée à celle du café, qui était sa principale culture en 1789. Le sol de l'île est de même nature que celui de la Grande-Terre et appartient au même soulèvement. Les mornes ne dépassent pas 200 mètres et s'étagent du nord au sud, en formant deux plateaux : le premier, d'une altitude de 100 mètres, limité au sud par la rivière du Vieux-Port; le second, compris entre cette rivière et la rivière Saint-Louis, qui le sépare du reste de l'île ; ce dernier a reçu le nom de Barre-de-l'Ile : il a 200 mètres d'altitude.

De la pointe du Nord à la pointe du Gros-Cap, sud-est, la côte présente des falaises à pic jusqu'à la pointe Saragot, puis des plages de sable bordées de cayes.

Le bourg de la Capesterre (4,399 h.) est situé au centre d'une longue plage de sable, sur un sol calcaire et madréporique; il se compose d'une seule rue. C'est là où l'on charge les sucres de l'est et du nord de l'île ; cette partie de l'île, placée au vent, est assez salubre.

L'extrémité méridionale de l'île est marquée par la pointe des Basses. Entre cette pointe et le Grand-Bourg, la côte est bordée de cayes à fleur d'eau.

Le Grand-Bourg est le chef-lieu de l'île et le siège d'un tribunal de première instance rétabli dernièrement. Sa rade est entourée de rochers qui en rendent l'accès difficile. Ce quartier de l'île est couvert dans certaines parties de marécages et de palétuviers et est très malsain.

Nous trouvons ensuite sur la côte ouest la baie de Saint-Louis, qui offre un bon mouillage aux navires de guerre, et le bourg de Saint-Louis (4,749 h.). Entre ce village et le Grand-Bourg s'étend une grande plaine de marécages, véritable nid à fièvre.

Enfin, avant d'arriver à la pointe du Nord, nous remarquons le bourg du Vieux-Fort, en face duquel est l'îlot de ce nom. Le quartier du Vieux-Fort est sans aucune importance ; situé sous le vent et couvert de palétuviers et de marais, il est extrêmement insalubre.

Le sol de Marie-Galante est très fertile : on y récolte du café, du sucre, du coton ; on s'y livre aussi à l'élève du bétail et au commerce du bois de campêche. La population totale de l'île est de 16,214 habitants.

Signalons en dernier lieu la Petite-Terre, située à 9 kilomètres environ dans le sud-est de la pointe des Châteaux. Cette terre, d'une contenance de 343 hectares, est formée de deux îles, Terre de Haut et Terre de Bas, élevées à 12 mètres au-dessus du niveau de la mer. On y remarque un feu fixe, blanc, élevé de 36 mètres. L'île produit des cocos et quelques vivres ; ses rares habitants y vivent de la pêche.

FIN

Coulommiers. — Typog. PAUL BRODARD

ERRATA

Page 8, ligne 8, *au lieu de :* emparée, *lisez :* emparé.

Page 9, note, *au lieu de :* 750 livres une aune de tabac, *lisez :* 750 livres de tabac un baril de lard.

Page 18, ligne 26, *au lieu de :* cratères, *lisez :* caractères.

Page 21, ligne 26, *au lieu de :* quelques-unes, *lisez :* quelques-uns.

Page 23, ligne 7, *au lieu de :* (448 h.), *lisez :* (448 m.).

Page 23, ligne 12, *au lieu de :* Courbeyre, *lisez :* Gourbeyre.

Page 23, ligne 32, et page 30, ligne 24, *au lieu de :* Richepanse, *lisez :* Richepance.

Page 25, ligne 26, *au lieu de :* (5,264), *lisez :* (5,264 h.).

Page 26, ligne 14, *au lieu de :* à Biche à Chistophe, *lisez :* à Biche, à Christophe.

Page 30, ligne 1, *au lieu de :* rivière de Capesterre, *lisez :* rivière de la Capesterre.

Page 32, avant-dernière ligne, *au lieu de :* eau de Morne, *lisez :* eau du Morne.

Page 38, dernière ligne, *au lieu de :* 1548, *lisez :* 1648.

Page 40, ligne 1, *au lieu de :* cinq, *lisez :* cinquante.

Page 44, ligne 18, *au lieu de :* appelée, *lisez :* appelé.

BOÜINAIS. *Guadeloupe.*

ENCYCLOPÉDIE

EN TROIS GRANDS DICTIONNAIRES GÉNÉRAUX

DICTIONNAIRE GÉNÉRAL D'HISTOIRE

DE BIOGRAPHIE, DE GÉOGRAPHIE ANCIENNE ET MODERNE, DE MYTHOLOGIE
DES INSTITUTIONS ET DES ANTIQUITÉS

Biographie : Vie des hommes célèbres ; — **Histoire** : Abrégé de l'histoire des peuples, dynasties, guerres, batailles, traités, révolutions religieuses ou politiques, etc. ; — **Mythologie** : Religions, rites, fêtes, mystères, livres sacrés, etc. ; — **Géographie** : Description du globe, des Etats, provinces, villes, etc. ; monuments ; — **Antiquités et Institutions** : Usages, coutumes, constitutions, gouvernements, cérémonies, établissements religieux, militaires, littéraires, etc., etc., par MM. Ch. Dezobry et Th. Bachelet ; 2 vol. grand in-8 jésus de plus de 3000 pages à 2 col. Prix, brochés. 25 »
Avec une demi-reliure en chagrin...................... 33 »

DICTIONNAIRE GÉNÉRAL DES LETTRES

DES BEAUX-ARTS ET DES SCIENCES MORALES ET POLITIQUES

Lettres : Grammaire ; — Linguistique ; — Rhétorique ; — Poétique et Versifications ; — Critique ; — Théorique et Histoire des différents genres de littératures anciennes et modernes ; — Notices analytiques sur les grandes œuvres littéraires ; — Paléographie et Diplomatique, etc. ; — **Beaux-arts** : Architecture ; Sculpture, Peinture, Musique, Gravure, avec leur histoire ; — Numismatique ; — Dessin, Lithographie, Photographie ; — Description des monuments ; — Arts et jeux ; — **Sciences morales et politiques** : Philosophie ; — Religions, Cultes et Liturgie ; — Droit civil, politique, pénal et international ; Législation, etc. ; — Science politique ; — Institutions administratives ; — Blason ; — Economie politique ; — Statistique ; — Pédagogie, etc., par MM. Th. Bachelet et Ch. Dezobry ; 2 vol. grand in-8 jésus, de 2000 pages à 2 col., avec figures. Prix, brochés............... 25 »
Avec une demi-reliure en chagrin...................... 31 50

DICTIONNAIRE GÉNÉRAL DES SCIENCES

THÉORIQUES ET APPLIQUÉES

Mathématiques : Arithmétique, Algèbre, Géométrie pure et appliquée, Calcul infinitésimal, Calcul des probabilités, Géodésie, Astronomie, etc. ; — **Physique et Chimie** : Chaleur, Electricité, etc. ; Instruments d'optique, Photographie, etc. ; Météorologie, etc. ; Chimie, Fabrication des produits chimiques, etc. ; — **Mécanique et Technologie** : Machines à vapeur ; Moteurs hydrauliques et autres ; Machines-Outils, etc. ; Art militaire ; Art naval ; Imprimerie ; Lithographie, etc. ; — **Histoire naturelle** : Zoologie ; Botanique ; Minéralogie ; Géologie ; Paléontologie ; Géographie animale et végétale ; Hygiène ; Médecine ; Chirurgie ; Art vétérinaire ; Pharmacie ; Matière médicale ; Matière légale, etc. ; — **Agriculture** etc., par MM. Privat-Deschanel, ancien professeur de physique au lycée Louis-le-Grand, inspecteur d'Académie à Paris, et Ad. Focillon, ancien professeur de Sciences physiques et naturelles au lycée Louis-le-Grand, directeur de l'Ecole municipale Colbert ; 2 vol. grand in-8 jésus, de 2620 pages à 2 colonnes, illustrés d'environ 3,000 gravures, sur les dessins de L. Guiguet, L. Rouyer, Claudel, E. Wornser, etc. Prix, br............... 32 »
Avec une demi-reliure en chagrin...................... 40 »

www.ingramcontent.com/pod-product-compliance
Lightning Source LLC
LaVergne TN
LVHW010327030726
842520LV00004B/1302